ERATO
Gallimard Jeunesse Musique

ISBN : 2-07-052491-4

Dépôt légal : Septembre 1999
Numéro d'édition : 89728
Imprimé en Italie par Editoriale Lloyd
Loi n° 49-956 du 16 juillet 1949
sur les publications destinées à la jeunesse

Franz

SCHUBERT

DÉCOUVERTE DES MUSICIENS

Illustrations de Charlotte Voake
Texte de Paule du Bouchet
dit par Benoît Allemane

LA MAISON DE L'ÉCREVISSE ROUGE

Franz Peter Schubert est né à Vienne, en 1797, dans une maison qui porte le drôle de nom de l'Écrevisse rouge. Son père, Franz Theodor, est instituteur mais, comme beaucoup de Viennois, il adore la musique.

1 5e SYMPHONIE, 4e MOUVEMENT, ALLEGRO VIVACE
1re MARCHE MILITAIRE OP. 51, ALLEGRO VIVACE

A Vienne, la musique est partout : dans les concerts, bien sûr, mais aussi dans la rue, au café, dans les jardins, dans les magasins, dans toutes les fêtes.

Lorsque Franz a quatre ans, ses parents emménagent dans la maison du Cheval noir.

ET SI C'ÉTAIT...

Un pays, c'est une langue, un climat, une musique. Sais-tu jouer à « si c'était » ? Il faut deviner à quoi pense quelqu'un en demandant «et si c'était». Et si c'était une musique ? Ce pourrait être du Bach, du rock, du rap, une musique de danse...

Comme il l'a fait avec ses deux autres fils, le père de Franz le met à la musique à sept ans. Le violon, d'abord, puis le piano. Franz est tellement doué qu'au bout de quelques mois il est plus fort que son père.

2 2e TRIO OP. 100, 2e MOUVEMENT, ANDANTE CON MOTO

Il prend alors des leçons avec un vrai professeur, Michaël Holzer. De sa vie, Monsieur Holzer n'a eu un élève si musicien. Il dit : « Je n'ai rien à lui apprendre, il sait tout. »

TOUT EST MUSIQUE !

Un musicien « ressent » le monde à travers son oreille. Fais un test : amuse-toi à nommer tout ce que tu entends : une voiture, l'aspirateur, le bruit du vent, une musique que tu aimes...

Franz a onze ans. Il chante dans l'église de son quartier, joue très bien du violon et compose déjà de petits quatuors à cordes et des morceaux pour piano.

3 CANTATE EN L'HONNEUR DE JOSEF SPENDOU, « WEH EUCH KINDERN, WEH EUCH ARMEN »

Son père est fier de lui. Il le présente au concours de la Chapelle royale. Dans son joli costume bleu, Franz est de loin le meilleur. Il est reçu avec les félicitations du jury et admis à entrer dans le meilleur collège de la ville.

Le père de Schubert

COMME EN CONCERT !

As-tu déjà chanté avec un accompagnement ? Si tu n'as personne pour t'accompagner, au piano ou à la guitare par exemple, essaie de trouver la cassette ou le CD d'une chanson et amuse-toi à chanter comme au karaoké. Tu verras, la sensation est fabuleuse !

Une nouvelle vie commence. Franz a quitté sa famille, il est pensionnaire, et ce n'est pas drôle tous les jours. Les murs du collège sont gris, la cantine pas fameuse. Franz aimerait bien quelques friandises...

LA MUSIQUE DES SENTIMENTS

Quand tu aimes une musique, c'est souvent parce qu'elle exprime des sentiments que tu ressens aussi : la joie, la colère, l'envie de pleurer... Dans tes musiques préférées, essaie de trouver quels sont les sentiments que tu éprouves.

4 3e MOMENT MUSICAL OP. 94, ALLEGRO MODERATO

Mais ce qui compte le plus, c'est la musique. Et puis, au collège, il a découvert l'amitié. A son nouvel ami, Joseph, il explique longuement comment il « essaie de traduire ses pensées en musique ».

Pendant les vacances, lorsque Franz rentre à la maison, on fait de la musique en famille : le père tient le violoncelle, le frère Ferdinand le premier violon, le frère Ignaz le deuxième violon et Franz tient toujours

DÉMÊLE LES SONS

Arrives-tu à distinguer des instruments qui jouent ensemble ? Essaie, dans ce quatuor, d'entendre la voix grave du violoncelle, la voix moyenne de l'alto et les voix aiguës des deux violons.

5 QUARTETTSATZ, ALLEGRO ASSAI

la partie d'alto. Quand son père se trompe, Franz le reprend gentiment : « Monsieur mon Père, il doit y avoir une faute ici. » A treize ans, Franz compose beaucoup pour le « Quatuor Schubert ».

Franz a quinze ans et ne pense qu'à composer. Des pièces pour piano, des quatuors à cordes, des lieder et même une symphonie. Il compose tellement, et tellement vite, qu'il manque souvent de papier à musique.

Schubert a fini d'écrire la partition de *La Truite* un lundi soir à minuit. Il a écrit : « À moitié endormi, j'ai pris l'encrier et l'ai renversé, quelle misère ! »

6 5e SYMPHONIE, 2e MOUVEMENT, ANDANTE

Comme il n'a pas d'argent pour s'en acheter, il doit tracer lui-même les lignes sur du papier ordinaire. Tout cela l'occupe beaucoup plus que son travail d'école, et son père est furieux !

DES PETITS DESSINS

Aujourd'hui, on écrit de la musique de toutes sortes de manières. Certains compositeurs font même des petits dessins ! Ensuite, le musicien joue comme il le sent. Et si toi aussi tu essayais d'écrire ce que tu entends dans ta tête à l'aide de dessins, de taches, de traits.

Un jour d'automne, on joue la première messe de Franz. Thérèse, la petite soprano, chante si bien qu'il en tombe amoureux. Quelques jours plus tard, il compose un lied tragique qui dit : «J'ai perdu le repos, mon cœur est lourd...» Il a dix-sept ans et il devine que le bonheur lui sera refusé. Franz tombera malade à vingt-cinq ans et mourra à trente et un ans, en laissant une des œuvres les plus rares, les plus merveilleuses de la musique.

ESPRIT ROMANTIQUE

Schubert était un artiste romantique, il créait à partir des douleurs de la vie ou des grands sentiments. As-tu remarqué que, quand on est triste, on a souvent envie d'être seul, de lire, de peindre, d'écrire, ou d'écouter de la musique ?

7 MESSE EN MI BÉMOL MAJEUR, AGNUS DEI

Aujourd'hui

comme hier...

On joue

toujours

la musique de

SCHUBERT

LA TRUITE

Le lied est au cœur de la musique de Schubert. C'est un chant tout simple, pour piano et voix. Un chant plein d'émotion, qui va directement à l'âme. Toute sa vie, Schubert a composé des lieder, plus de six cents en tout, en s'inspirant de poèmes. Des poèmes qui peuvent avoir, comme l'arc-en-ciel, toutes les couleurs des sentiments. *Marguerite au rouet*, par exemple, est un poème désespéré : une jeune fille est abandonnée par l'homme qu'elle aime, elle en devient folle de douleur. Dans *La Truite*, au contraire, nous sommes au bord de l'eau, la rivière brille au soleil, la truite bondissante jette des éclairs au fil du courant.

Les lieder peuvent être chantés par des voix de femmes aussi bien que par des voix d'hommes.

Chanter un lied est très différent que de chanter un opéra : certains artistes se sont particulièrement dédiés au lied.

L'ARPEGGIONE

Le public de Schubert, c'était ceux qu'il aimait. C'est pour eux qu'il composait, sa famille, ses amis, qu'il retrouvait dans de joyeuses soirées où l'on chantait ses lieder, où l'on jouait sa musique de chambre, où l'on dansait et buvait de la bière. Ces soirées amicales baignées de la musique de Schubert, ses amis les appelaient les «schubertiades». Chez certains musiciens, ce n'est pas la mélodie qui est le plus important, ce sont les timbres, les rythmes, l'harmonie. Schubert, lui, aimait profondément les mélodies. Il trouvait parfois l'inspiration de ses mélodies dans les bruits de la vie les plus inattendus : par exemple, certains motifs de ce quatuor, il les a trouvés un jour… dans le ronronnement d'un vieux moulin à café !

Schubert a écrit quinze quatuors à cordes dont *La Jeune fille et la mort* dans lequel les sentiments sont exprimés avec beaucoup de violence.

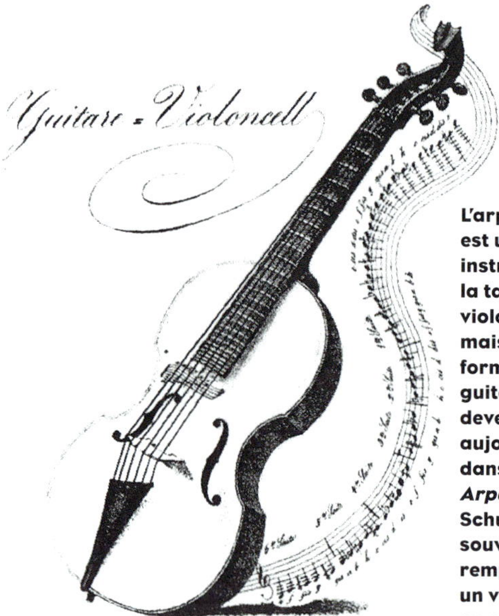

L'arpeggione est un instrument de la taille d'un violoncelle mais de même forme qu'une guitare. Il est devenu rare aujourd'hui et, dans la sonate *Arpeggione* de Schubert, il est souvent remplacé par un violoncelle ou par un alto.

9 SONATE « ARPEGGIONE »
QUATUOR « LA JEUNE FILLE ET LA MORT », 1er MOUVEMENT, ALLEGRO

MOMENT MUSICAL

Schubert a beaucoup écrit pour le piano. Le piano était, avec la voix, l'instrument de son âme et il y revenait toujours. Il a composé des sonates, merveilleuses, profondes comme des regards. Il a composé des dizaines et des dizaines de danses, des écossaises, des allemandes, des polonaises, des laendler, des galops, des valses et des menuets. Et encore des ouvertures, des variations, des divertissements, des fantaisies. Il a aussi écrit des pièces pour quatre mains, des impromptus. Il a composé des pièces qu'il a appelées des « moments musicaux » et qui restent, justement, parmi les grands moments de la musique.

Schubert composait ses œuvres sur les pianos forte de l'époque.

Aurait-il imaginé que ses œuvres seraient un jour jouées sur des pianos de concert modernes, aux sonorités plus riches et variées ?

10 SONATE EN LA MAJEUR D 959, 2ᵉ MOUVEMENT, ANDANTINO
2ᵉ IMPROMPTU OP. 90, ALLEGRO ; 4ᵉ MOMENT MUSICAL, OP. 94, MODERATO

SYMPHONIE INACHEVÉE

Schubert a dix-neuf ans lorsqu'il compose sa cinquième symphonie. Ecoute la vivacité, la force, l'énergie de cette symphonie écrite par un Schubert tout jeune, encore plein de vie. Quelques années plus tard, Schubert compose une symphonie qui reflète ses pensées les plus intimes. Une musique sombre, douloureuse. Ce qu'il dit en musique, il le dit aussi avec des mots, dans une lettre à un ami : « Je voudrais chanter l'amour et je chante la douleur. » La musique de Schubert, c'est ce mélange de joie de vivre et de désespoir, de chant et de tristesse, d'amitié et de solitude. C'est Schubert lui-même, amoureux de la nature et enfermé dans sa chambre, entouré d'amis et pourtant si seul, heureux parfois, malheureux si souvent.

La musique de Schubert est faite de tout ce qui a fait sa vie. De tout ce qui fait la vie. Comme doit être la musique.

Au début de la *Symphonie inachevée*, on entend un long appel joué par les cors.

II 5e SYMPHONIE, 1er MOUVEMENT, ALLEGRO ; « SYMPHONIE INACHEVÉE », 1er MOUVEMENT, ALLEGRO MODERATO ; GRANDE SYMPHONIE, 3e MOUVEMENT, SCHERZO, ALLEGRO VIVACE

POUR GALLIMARD JEUNESSE

Gallimard Jeunesse Musique :
Paule du Bouchet
Graphisme :
Yann Le Duc
Maquette :
Christine Régnier
Coordination éditoriale et iconographie :
Émilie de Lanzac
Relations presse :
Claire Babin

POUR ERATO DISQUES

Direction artistique et production :
Ysabelle Van Wersch-Cot
Direction d'acteur :
Philippe Gondouin
Enregistrement de la narration :
Février 1999 ; Studio Lotus Rose, Paris

TABLE DES ILLUSTRATIONS

CRÉDITS PHOTOGRAPHIQUES

Archiv für Kunst und Geschichte, Paris **8, 8-9, 11, 12, 13, 14g, 19, 20b, 22h, 23, 25, 26h, 27**. Artothek **21**. Collection Viollet **16**. Ph. Coqueux/Specto **20m, 22m, 24h**. G. Dagli Orti **7**. D.R. **17hg, 17d, 22b, 26m**. Mary Evans/Explorer **18, 20h**. Nicolas Frize **17bg**. Constantine Manos/Magnum **26b**. Pierre-Marie Valat **14d, 24b**.

DISQUE

1 / La maison de l'Ecrevisse rouge
Symphonie n° 5 D 485
4e mouvement (Allegro vivace)
The Netherlands Radio Chamber Orchestra
Direction Ton Koopman
0630 15518 2
℗ Erato Disques SAS,
Paris, France 1997

Marche militaire D. 733 Op. 51
n° 1 ré majeur (Allegro vivace)
Maria-Joao Pires et Hüseyin Sermet (piano 4 mains)
0630 10718 2
℗ Erato Classics SNC,
Paris, France 1989

2 / Plus fort que son père
Trio n° 2 D 929 Op. 100
2e mouvement (Andante con moto)
Haydn-Trio, Wien
Heinz Medjimorec, piano ;
Michael Schnitzler, violon ;
Walter Schulz, violoncelle
0630 12337 2
Teldec Classics International, GMBH,
Hamburg, Germany 1987

3 / Un joli costume bleu
Cantate en l'honneur de Josef Spendou D 472
Air avec chœur : « Weh euch Kindern, weh euch Armen »
Ruth Ziesak, soprano
Wiener Concert-Verein
Arnold Schoenberg Chor
Direction Erwin Ortner
Teldec Classics International, GMBH,
Hamburg, Germany 1994

4 / La musique plus fort que tout
Moment musical D 780 Op. 94
n° 3 (Allegro moderato)
Till Fellner, piano
0630 17869 2
℗ Erato Disques SAS,
Paris, France 1997

5 / Le « quatuor Schubert »
Quartettsatz D 703 Op. posthume (Allegro assai)
Quatuor Sine Nomine
Patrick Genet, François Gottraux, violons ; Nicolas Pache, alto ;
Marc Jaermann, violoncelle
Cascavelle, 1987

6 / La passion de composer
Symphonie n° 5 D 485
2e mouvement (Andante)
The Netherlands Radio Chamber Orchestra
Direction Ton Koopman
0630 15518 2
℗ Erato Disques SAS,
Paris, France 1997

7 / « J'ai perdu le repos... »
Messe en mi bémol majeur D 950
Agnus Dei
Chœur de Chambre Romand, Chœur Pro Arte de Lausanne
Chef de chœur, André Charlet
Orchestre de la Suisse romande
Direction Armin Jordan
Cascavelle 1988
Coproduction Erato / Cascavelle / RTSR ℗

8 / Les lieder
Marguerite au rouet
La Truite
Barbara Bonney, soprano ; Geoffrey Parsons, piano
4509 90873 2
Teldec Classics International, GMBH,
Hamburg, Germany 1994

9 / La musique de chambre
Sonate « Arpeggione » D 821
Frédéric Lodéon, violoncelle ; Daria Hovora, piano
℗ Erato Classics SNC,
Paris, France 1983

Quatuor « La Jeune Fille et la Mort » D 810
1er mouvement (Allegro)
Quatuor Keller
Andras Keller, Janos Pilz, violons,
Zoltan Gal, alto ; Otto Kertesz, violoncelle
4509 99780 2
℗ Erato Disques SAS, 1995

10 / La musique pour piano
Sonate pour piano D 959 en la majeur
2^{e} mouvement (Andantino)
Michel Dalberto, piano
0630 14442 2
℗ Erato Classics SNC,
Paris, France 1985

Impromptu D 899 Op. 90
n° 2 (Allegro)
Maria Joao Pires, piano
0630 10716 2
℗ Erato Classics SNC,
Paris, France 1988

Moment musical D 780 Op. 94
n° 4 (Moderato)
Till Fellner, piano
0630 17869 2
℗ Erato Disques SAS,
Paris, France 1997

11 / Les symphonies
Symphonie n° 5 D 485
1er mouvement (Allegro)
The Netherlands Radio Chamber Orchestra
Direction Ton Koopman
0630 15518 2
℗ Erato Disques SAS,
Paris, France 1997

Symphonie n° 8 « Inachevée » D 759
1er mouvement (Allegro moderato)
Basler Sinfonieorchester
Direction Armin Jordan
0630 11081 2
℗ Erato Classics SNC,
Paris, France 1983

Symphonie n° 9 « La Grande » D 944
3e mouvement : Scherzo (Allegro vivace)
New Philharmonia Orchestra
Direction Theodor Guschlbauer
0630 11081 2
℗ Erato Classics SNC,
Paris, France 1972

LES COLLECTIONS «GALLIMARD JEUNESSE MUSIQUE»

Mes Premières Découvertes de la Musique (3 à 6 ans)
Tim et Tom et les instruments à vent
Petit Singe et les percussions
Momo et les cordes
Faustine et les claviers
Fifi et les voix
Loulou et l'électroacoustique
Barnabé et les bruits de la vie
Léo et Marie et l'orchestre

Découverte des Musiciens (6 à 10 ans)
Jean-Sébastien Bach
Ludwig van Beethoven
Hector Berlioz
Frédéric Chopin
Wolfgang Amadeus Mozart
Henry Purcell
Franz Schubert
Antonio Vivaldi

Musiques d'ailleurs (8 à 12 ans)
Antòn et la musique cubaine
Bama et le blues
Brendan et les musiques celtiques
Tchavo et la musique tzigane

Musiques de tous les temps (8 à 12 ans)
La musique au temps du Roi-Soleil
La musique au temps des chevaliers

Carnets de Danse (8 à 12 ans)
La danse classique
La danse hip-hop
La danse jazz
La danse moderne

Hors série (pour tous les âges)
L'Alphabet des grands musiciens
Les Berceuses des grands musiciens
Les Berceuses du monde entier
La Bible en musique
Le Manoir des horreurs